Sano y en forma con la autofagia

Cómo mejorar tu salud, perder grasa corporal, prevenir enfermedades y parecer más joven con la autofagia

Sebastian Thiele

CONTENIDO

Qué puedes esperar de este libro

¿En qué piensas cuando oyes la palabra reciclaje? Seguro que inmediatamente piensas en algunas cosas relacionadas con la conservación de la naturaleza, la reutilización de materias primas no degradables o el reciclaje de residuos y desechos. Quizá quieras dejar de leer aquí porque no quieres que te den más lecciones sobre protección del clima y sostenibilidad de las que ya te dan en los medios de comunicación. Pero ¿sabías que nuestro cuerpo también tiene millones de pequeños "centros de reciclaje"? Seguro que todo esto suena muy inverosímil al principio, pero cuanto más leas en este libro -y realmente merece la pena-, más impresionado quedarás y más te darás cuenta de la obra maestra que es nuestro cuerpo y de lo mucho que aún puedes aprender de él y sobre él.

Como probablemente no todos los lectores tengáis el mismo nivel de conocimientos, puedes leer más sobre los procesos metabólicos del propio cuerpo en las células y el trasfondo biológico en las primeras páginas del libro, antes de pasar al tema en sí: el proceso de reciclaje de las células, también conocido como autofagia. Pero para que no devuelvas el libro enseguida porque ya habías tenido bastante con las células en la escuela y no entendías nada, aquí tienes el visto bueno:

No tienes por qué tener miedo a los complicados procesos químicos y biológicos ni a la complicada jerga con frases increíblemente enrevesadas. En la sabia previsión de que estas pequeñas células, que determinan toda tu vida de forma increíble, no son tan fáciles de entender, el libro te conduce lenta y gradualmente cada vez más lejos en el tema y, siguiendo una parte teórica fácil de entender incluso para los profanos, puedes aprender aún más sobre los beneficios prácticos de la autofagia en medicina e incluso volverte activo tú mismo y hacer algo por tu propia salud. ¿A qué esperas?

Empieza y aprende cómo puedes hacer ya algo contra la demencia, el cáncer y la vejez.

La célula - el mínimo común múltiplo

BREVE PERFIL

Antes de empezar, quizá te preguntes qué es exactamente una célula. Puede que incluso recuerdes tus clases de biología de la escuela y el tan repetido mnemotécnico "Las mitocondrias son las centrales energéticas de las células". Pero ahí es donde la cosa se complica. Núcleo celular, retículo endoplásmico, aparato de Golgi y mucho más probablemente ni siquiera se te hayan ocurrido espontáneamente, aunque sin todos estos pequeños componentes no podrías tener este libro en la mano, leerlo y mucho menos vivir. Para refrescarte un poco la memoria y quizá añadir una o dos cosas, en las páginas siguientes encontrarás algunas explicaciones más. Pero para que no resulte demasiado complejo desde el principio, también puedes comparar la célula con una gran fábrica y quizás visualizar mejor cómo y qué ocurre en la célula.

En una célula hay muchos orgánulos celulares individuales, cada uno de los cuales tiene una tarea diferente. En tu fábrica, los orgánulos corresponderían a departamentos individuales que trabajan todos juntos para garantizar que la fábrica funcione como un todo. El orgánulo celular más importante es **el núcleo celular**, donde se almacena y copia el ADN. A continuación, estas copias se convierten en aminoácidos y proteínas para crear orgánulos celulares o información, y permanecen dentro de la célula, o se utilizan para la duplicación celular. Para tu fábrica, el núcleo celular sería como el **despacho del jefe, que** tiene las instrucciones de todos los pasos del trabajo y la información importante para los distintos departamentos. Ahora puede copiar algunas de estas instrucciones e información para distribuirlas a los puestos de trabajo dentro de la fábrica, o puede utilizar toda la copia para construir una segunda fábrica nueva. Como puedes ver, sin un núcleo celular, nada funciona en la célula, porque si faltan las instrucciones para todos los pasos básicos, no se puede realizar ningún trabajo.

Las ya mencionadas "centrales eléctricas de las células", las **mitocondrias,** también son muy importantes para la célula. Proporcionan a la célula la energía suficiente para realizar con éxito todas sus tareas. En tu fábrica, las mitocondrias pueden ser los bocadillos y almuerzos para los empleados o la energía para las máquinas en forma de electricidad.

También adquiere importancia el **retículo endoplásmico**, que forma proteínas y las reenvía al **aparato de Golgi para** que sean liberadas de la célula o incorporadas a la propia célula. Por tanto, los dos orgánulos juntos son casi como una pequeña oficina de correos que, o bien reenvía los productos desarrollados en la fábrica a otras fábricas que los necesitan en ese momento, o bien distribuye los productos en su propia fábrica para apoyar a los departamentos o llevar a cabo otros pasos de trabajo.

Sin embargo, al hablar de autofagia no debes olvidar los **lisosomas**, que descomponen las sustancias innecesarias para poder reutilizar las materias primas resultantes. Sin embargo, los lisosomas no sólo pueden descomponer las propias sustancias de la célula, sino también absorber sustancias del entorno y "reciclarlas" o, en el caso de sustancias tóxicas o atacantes como bacterias o virus, destruirlas y descomponerlas en sus partes individuales. En tu fábrica, un sistema como éste también sería sin duda una ventaja, ya que no tendrías que comprarlo todo nuevo, podrías ahorrar materias primas y dinero e incluso proteger tu fábrica de atacantes y piratas informáticos.

Para resumir una vez más, recuerda que el núcleo celular proporciona la información, las mitocondrias proporcionan la energía, el retículo endoplásmico y el aparato de Golgi juntos sirven de correo y distribuyen los productos y la información desde el núcleo celular dentro de la célula o hacia el exterior, y los lisosomas son los "eco-friquis" que no quieren tirar ninguna materia prima sin comprobar antes que realmente ya no es utilizable. Todos los orgánulos están estrechamente conectados entre sí y, en cuanto una parte deja de funcionar y no puede repararse, toda la célula se destruye.

Pero espera, antes de seguir leyendo, tienes que conocer una parte muy importante de las células que constituye la base de todos los procesos metabólicos, porque sin una **pared celular** que proteja a la célula de su entorno, nada de esto sería posible. Al fin y al cabo, también necesitas unas cuantas paredes, puertas y ventanas en tu fábrica para que no pueda entrar cualquiera en ella y llevarse lo que necesite. También necesitas proteger tu fábrica de influencias ambientales como la lluvia, la nieve, el calor o incluso una tormenta o inundación. Y, desde luego, no quieres que tus productos se esparzan sin control por toda la zona y acabes sin que quede nada. Lo mismo ocurre con las células, porque no quieren que les roben nada, que las condiciones ambientales las dañen o que los productos celulares que se han fabricado con tanto esfuerzo se distribuyan sin tener una función. Por ello, cada célula ha desarrollado una pequeña pared que la protege de todo ello. Si la región celular se inunda de nutrientes, por ejemplo, la célula puede protegerse de ello y decidir por sí misma, mediante canales en su pared, cuánto quiere dejar pasar o no. Esto también se aplica al transporte fuera de la célula, ya que las células también pueden producir cosas que ellas mismas no necesitan, sino que sólo se necesitan en otras zonas. Si entonces la célula quiere liberar algo al exterior, puede abrir sus canales y exportar las sustancias deseadas.

Puedes imaginártelo todo como un enorme organismo dividido en muchas unidades pequeñas. Si el organismo pone sustancias a su disposición, cada unidad puede decidir por sí misma si necesita esa sustancia o no. Y si el organismo se da cuenta de que falta algo en una de sus partes, puede incluso hacérselo saber a otras partes y pedir a las unidades que se apoyen mutuamente. ¿No es increíble todo lo que pueden hacer estas pequeñas células? ¿No sería un ejemplo que la economía mundial podría tomar como ejemplo?

Ahora que has aprendido mucho sobre las células y has refrescado un poco tus conocimientos, puedes profundizar en el tema y examinar el metabolismo y el transporte en la célula. Como tal vez puedas imaginar, la célula no puede producir por sí misma todos los productos que necesita, sino que también debe absorber cosas del entorno e incorporarlas a la célula. Al fin y al cabo, una fábrica no puede funcionar sin un intercambio constante con el entorno en forma de importaciones y exportaciones. Constantemente se suministran nuevas materias primas y se envían productos acabados. Y así es exactamente como funciona en la célula. Hay muchos tipos diferentes de transporte, que puedes examinar más detenidamente a continuación.

Empecemos por la captación en la célula, la **endocitosis,** que a su vez puede subdividirse en pinocitosis y fagocitosis. Probablemente estos términos te suenen muy complejos al principio y te preguntes cómo se supone que vas a entender todo esto. Pero no te preocupes, todo es más sencillo de lo que parece y sólo necesitas una breve descripción de los distintos tipos de transporte. En realidad, la diferencia entre los dos tipos de captación sólo radica en el tipo de sustancia que se absorbe. La pinocitosis afecta a los productos solubles y la fagocitosis a la captación de partículas enteras, bacterias, cuerpos extraños y elementos similares de mayor tamaño. Como pequeña mnemotecnia, también puedes recordar que pinocitosis es la palabra más corta y, por tanto, se ingieren productos más pequeños. En cambio, fagocitosis es la palabra más larga y se ingieren partículas más grandes en su conjunto. Y endocitosis en general significa siempre que algo es transportado al interior de las células.

Otra opción de transporte es **la transcitosis,** que sólo transporta sustancias a través de una célula sin liberarlas a la célula respectiva. Por tanto, la sustancia se absorbe por un lado y se libera por el lado opuesto. En este momento, puedes comparar la célula con un pequeño obstáculo y, puesto que sería más complicado y quizá imposible sortear este obstáculo debido a las células vecinas, la sustancia simplemente se canaliza a través de él. ¿No es asombroso lo que puede hacer la célula?

El último transporte importante es **la exocitosis**, mediante la cual se canalizan hacia el exterior las sustancias que se han producido en la célula y se necesitan en otra parte del organismo. En tu empresa, sería la exportación de productos acabados o de productos que se procesan posteriormente en otras fábricas.

Así que te das cuenta de que el transporte celular puede diferenciarse entre endocitosis, transcitosis y exocitosis, por lo que la endocitosis también puede subdividirse en pinocitosis y fagocitosis. Así que no es tan complicado como parece a primera vista. Pero, ¿qué tiene que ver todo este transporte con los numerosos centros de reciclaje de los que has oído hablar antes? Encontrarás la respuesta a esta legítima pregunta en los próximos capítulos, muy interesantes y sorprendentes.

Reciclaje en Mini

LA BÚSQUEDA DE LA INDEPEN-
DENCIA

De niño y ahora de adulto, probablemente pensabas a menudo que querías hacer todas tus tareas por ti mismo y que lo ideal sería hacerlo todo perfectamente y sin ayuda. Querías ser independiente y demostrar a los que te rodeaban que eras lo bastante fuerte y que podías enfrentarte a todos los obstáculos tú solo. Y para ser sincero, dominar las cosas por ti mismo y no depender de los demás y de la ayuda tiene muchas ventajas. Y es precisamente esta independencia por la que luchan tus células. La dependencia de los demás hace que las células sean vulnerables e inestables, porque en cuanto se pierde una fuente importante, todo el organismo deja de funcionar. Es más, al igual que en tu fábrica, todo este transporte del que tanto has aprendido antes no se produce sin pérdidas. No sólo se pueden dañar las cargas durante el transporte, sino que además lleva mucho tiempo y cuesta materias primas y energía. Hay que embalar los productos como corresponde, hay que transportarlos y ¿no sería mucho más agradable si todo pudiera tener lugar en la célula y las células fueran independientes, tal y como tú querías?

Y esto es exactamente de lo que se ha ocupado la naturaleza y ha cumplido el deseo de las células al dotar a cada célula de su propio sistema de reciclaje para que pueda reutilizar los productos que ya no necesita, creando así un ciclo en el que las demás células y sus productos no desempeñan ningún papel.

AUTOFAGIA - AUTODESCOMPO-SICIÓN

El científico japonés Yoshinori Ösumi fue incluso galardonado con un Premio Nobel por su descubrimiento del proceso de autofagia, que, traducido como autodescomposición, suena muy desalentador. Cuando comenzó sus investigaciones a principios de los años 90, sólo unos pocos científicos trabajaban en este tema, así que Yoshinori Ösumi tenía el camino despejado para descubrir todo lo que vas a averiguar en los próximos minutos.

Tras el término autofagia, difícil de entender, se esconde un proceso intracelular por el que se descomponen los productos de la propia célula que son defectuosos o que ya no se necesitan. Esto permite a la célula utilizar de forma óptima todos los recursos y no desperdiciar nada, ya que las células no pueden permitirse hacerlo. Mediante un proceso muy complejo, estos productos de desecho se empaquetan en los llamados autofagosomas, que luego se fusionan con los lisosomas y se convierten en autolisosomas.

Pero antes de profundizar demasiado, lo más importante es recordar que los autolisosomas mantienen en equilibrio la descomposición de los productos celulares viejos y la producción de los nuevos. Esto permite a las células rejuvenecerse una y otra vez, simplemente descomponiendo los componentes viejos y desgastados en sus partes individuales y volviéndolos a ensamblar. ¿No sería bueno que los humanos también fuéramos capaces de esto? Sin las molestas arrugas de la edad, sin las articulaciones doloridas, sin otras enfermedades de la vejez, sino con la eterna juventud. Seguro que has soñado con esto alguna vez. Y verás que, aunque una autofagia más activa no te dará la eterna juventud, te aportará muchos otros beneficios si apoyas y activas aún más el sistema de reciclaje propio de tu cuerpo.

La autofagia siempre está activa en las células en estado normal y funciona en segundo plano. Sin embargo, en situaciones extremas, como un daño celular extremo, la célula puede incluso iniciar la apoptosis o muerte celular autofagosómica. Esto significa que se destruye a sí misma y libera sus recursos a las células circundantes. Y lo que a primera vista parece un programa de suicidio bastante radical, es en realidad una ingeniosa invención para garantizar la supervivencia de todo un organismo. Y esto beneficia incluso a tu sistema inmunitario, porque la autofagia también puede neutralizar agentes patógenos como virus y bacterias.

De este modo, las células pueden impedir que los virus o bacterias que han entrado en el organismo sigan propagándose.

Pero, por desgracia, la autofagia también alcanza sus límites en algún momento y las células ya no pueden utilizarla como les gustaría. Con la edad, este proceso sigue disminuyendo y se acumulan residuos intracelulares en las células, que ya no pueden reciclarse o sólo pueden reciclarse lentamente. Si se inhibe la autofagia, se produce un desastre celular, ya que muchas enfermedades se basan en una capacidad reducida de autofagia, pues así se desarrollan enfermedades como la diabetes, el Alzheimer o el Parkinson, y los tumores y las enfermedades infecciosas también lo tienen fácil debido a ese fallo.

Puedes observar un ciclo que quizá reconozcas en tu propia casa. En cuanto dejas algo tirado y dejas de lado el orden y la limpieza durante unos días, una semana después te encuentras en un piso con cosas tiradas por todos los rincones, atrayendo literalmente el desorden. Es lo mismo -o al menos casi- en tus células. En cuanto se acumulan los primeros productos de desecho que ya no pueden descomponerse tan rápidamente, todo el equilibrio se desequilibra y cada vez se acumula más basura en las células y cada vez puede descomponerse menos.

Pero puedes considerarte afortunado, porque la investigación iniciada por Yoshinori Ösumi ha puesto en marcha un pequeño ciclo que parece hacerse cada vez más grande: la búsqueda de formas de mantener la autofagia a un alto nivel hasta la vejez. Pero antes de que te apresures a incorporar las posibilidades ya investigadas a tu vida cotidiana, lleno de entusiasmo por la acción y con la esperanza de prolongar al máximo el proceso de envejecimiento de tus células, en el próximo capítulo aprenderás más sobre la oportunidad de lograr avances médicos significativos en el tratamiento de algunas enfermedades gracias a este descubrimiento.

El gran deseo de curación

DEMENCIA

La demencia es una enfermedad que afecta principalmente a las personas mayores y se caracteriza por el olvido, la desorientación y las dificultades para realizar las tareas cotidianas. Tras una amplia investigación, científicos y médicos descubrieron que la enfermedad suele estar causada por una falta de riego sanguíneo en el cerebro, provocada por un trastorno circulatorio. Esto hace que las proteínas tóxicas se adhieran entre sí y provoquen un estrechamiento de los vasos sanguíneos, a consecuencia de lo cual sólo llegan al cerebro algunos de los nutrientes necesarios. Sin embargo, junto con la investigación sobre la autofagia, también puede haberse encontrado una forma de prevenir la aparición de la demencia, ya que este sistema de reciclaje puede ayudar a las células cerebrales a limpiarse y destruir las proteínas tóxicas. Esto evita que se formen adherencias en primer lugar y, al menos, elimina esta causa de la enfermedad. Si ahora impulsas el metabolismo y la autofagia de tus células, puedes intentar prevenir la demencia en una fase temprana.

Por desgracia, la investigación en este campo está aún en pañales y todavía se desconoce mucho. Sin embargo, los científicos ya están de acuerdo en que el aumento de la autofagia conlleva un menor riesgo de desarrollar demencia y también puede utilizarse como terapia para ralentizar la progresión de una enfermedad existente.

CÁNCER

Desde el descubrimiento y la comprensión de la autofagia, los investigadores del cáncer tienen la certeza de que esta propiedad de las células es de enorme importancia para comprender los tumores, porque para curar el cáncer y los tumores, primero es necesario comprender el proceso de su desarrollo, que durante mucho tiempo se ha malinterpretado y aún hoy no se entiende del todo. Sin embargo, gracias a un experimento de laboratorio con ratones cuyas células no eran capaces de una autofagia normal, los médicos y científicos ya han descubierto que la falta de esta capacidad conduce en realidad a que los tumores se produzcan con mucha más frecuencia y de forma espontánea.

Pero por desgracia no es tan sencillo, porque el problema es que la autofagia disfuncional también puede contribuir al cáncer y ayudar a que crezcan los tumores. La autofagia disfuncional significa que la función original de limpiar las células y reciclar los productos de desecho se ha transformado. Las células cancerosas afectadas han tomado el control y señalan a los lisosomas, responsables de la autofagia, lo que deben hacer. Esto permite a las células cancerosas fabricar productos a partir de las sustancias recicladas que les son útiles y contribuyen a su proliferación. Incluso pueden luchar contra la quimioterapia descomponiendo la toxina introducida en las células y produciendo así nuevas materias primas. Todo esto puso inicialmente a los médicos en una situación muy difícil y tuvieron que plantearse si tenía sentido promover la autofagia o no.

A continuación, varios estudios investigaron cómo ciertos factores que estimulan la autofagia afectan a la terapia del cáncer o al curso de la enfermedad. Un equipo de científicos descubrió que se ha demostrado que las sustancias contenidas en el té verde favorecen la autofagia, que conduce a la muerte de las células tumorales. Otros investigadores estudiaron la eficacia del ayuno en los tumores y descubrieron que el ayuno intermitente puede, de hecho, apoyar la quimioterapia y ayudar a proteger las células sanas, porque al reciclar los productos de desecho, las células sanas pueden deshacerse de sus residuos y obtener nueva energía de ellos, lo que les ayuda a luchar contra las células tumorales. Además, las células parecen tolerar mejor la quimioterapia si los pacientes dejan de comer unas horas antes del tratamiento y sólo vuelven a comer unas horas después.

Por tanto, la autofagia no sólo puede ayudar a prevenir el cáncer, sino que también permite a los médicos probar nuevas opciones de tratamiento que quizá también podrían evitar la progresión de un tumor inoperable y agresivo.

ENVEJECIMIENTO

Seguro que a ninguno de vosotros os gusta pensar en el aspecto que tendréis dentro de veinte o treinta años y en lo que os habrá hecho el proceso de envejecimiento para entonces. Es comprensible, porque a nadie le gusta imaginar cómo vivirá con arrugas, artrosis y todo tipo de enfermedades relacionadas con la edad. Pero una vez más, el científico japonés Yoshinori Ösumi ha hecho posible que escapes un poco de este proceso descubriendo la autofagia. Si impulsas el metabolismo de la autofagia, tus células pueden descomponer más rápidamente los productos de desecho y construir nuevos orgánulos celulares a partir de las materias primas recicladas.

Ahora que los científicos han descubierto que el proceso de autofagia en las células disminuye con la edad, puedes concluir que puedes retrasar el avance de tu edad estimulando adicionalmente tus células a la autofagia y asegurándote de que los productos de desecho puedan seguir descomponiéndose rápidamente. Esto significa que no sólo puedes prevenir la demencia o el cáncer, sino que posiblemente puedas alargar tu vida unos cuantos años.

DIABETES

Sin duda habrás oído hablar de los muchos riesgos de la diabetes y quizá sepas también que el páncreas no produce suficiente insulina en esta enfermedad, lo que provoca un aumento del nivel de azúcar en sangre. Por ello, los pacientes afectados deben medir regularmente sus niveles de azúcar en sangre e inyectarse insulina si éstos son demasiado elevados.

Pero para contrarrestar la diabetes de tipo 2 en particular, la autofagia vuelve a tener especial importancia. Los científicos han descubierto en varios estudios que la autofagia protege las células beta del páncreas, responsables de la producción de insulina. Sin embargo, si la autofagia falta o deja de funcionar plenamente, estas células beta pueden dañarse e incluso dejar de producir insulina, provocando así la diabetes. Por tanto, activando el metabolismo celular, puedes tanto prevenir la diabetes como invertir la propia diabetes de tipo 2, lo que no sería posible sólo con dietas, como se suele recomendar para la diabetes.

La autofagia, o más bien el cese de la autofagia en el cerebro, tiene un efecto un tanto sorprendente para los científicos. Investigadores de la Charité y del Leibniz-Forschungsinstitut für Molekulare Pharmakologie (FMP) han investigado intensamente la autofagia y han llegado a la conclusión de que en las células en las que se ha desactivado la autofagia y, por tanto, el proceso de reciclaje, mediante un truco genético, no hay más residuos celulares y proteínas inutilizables, como era de esperar, sino una mayor cantidad de retículo endoplásmico. Además de su función como poste celular, como has aprendido antes, éste también es responsable del almacenamiento de calcio en las células. Por tanto, más retículo endoplásmico conlleva más calcio en las células, lo que a su vez provoca que se liberen más neurotransmisores y que las células nerviosas se vean expuestas a una enorme sobreexcitación.

Como la autofagia desempeña un papel central en el mantenimiento de las células y permite descomponer rápidamente las moléculas dañadas, incorrectas o extrañas, es especialmente importante en el cerebro y para las células nerviosas. A diferencia de muchas otras células del cuerpo, las células nerviosas no pueden renovarse completamente. Te acompañan toda la vida y si un nervio se rompe, sólo puede repararse quirúrgicamente. Esto deja claro lo importante que es que las células nerviosas se conserven y no se destruyan por orgánulos incorrectos o dañados. La autofagia también impide que se acumulen demasiadas proteínas en las células nerviosas y que éstas se aglutinen, como ocurre en las enfermedades neurodegenerativas. Sin embargo, los científicos sospechan ahora que este efecto protector puede tener causas completamente distintas. En la FMP hicieron un descubrimiento asombroso mediante una investigación en ratones jóvenes y sanos:

Para investigar el efecto de la autofagia, los científicos utilizaron un truco genético para desactivar la autofagia en las células nerviosas del cerebro y luego analizaron detalladamente el contenido proteínico de estas células. Al hacerlo, se dieron cuenta de que las proteínas que estaban seguros de que eran degradadas por la autofagia no estaban enriquecidas en las células, como cabría esperar. En cambio, encontraron algo en las células alteradas que les resultó casi más sorprendente, pues hallaron una mayor cantidad de retículo endoplásmico, que sirve de almacén de calcio en todas las células y regula la transmisión de la excitación en las células nerviosas. Sin embargo, era precisamente este importante almacén de calcio el que estaba dañado en las células alteradas y los investigadores pudieron demostrar que la función de amortiguación del calcio del retículo endoplásmico ya no funcionaba correctamente. Por tanto, ya no era totalmente capaz de absorber el calcio libre y quedaba más calcio libre en la célula nerviosa.

Esto a su vez conduce a la hiperactividad de las células, se emiten continuamente neurotransmisores y en realidad están permanentemente en estado de excitación. Si la autofagia hubiera seguido funcionando en estas células, el retículo endoplásmico dañado se habría renovado presumiblemente con rapidez y las células no se habrían dañado. Sin embargo, en caso de tal fallo funcional, el retículo endoplásmico que ya no funciona correctamente permanece e inunda la célula de transmisores.

Hasta ahora, los investigadores habían supuesto que una menor autofagia significa también que se liberan menos transmisores debido a los residuos celulares restantes y a los orgánulos dañados, por lo que los resultados del estudio les sorprendieron por completo. Sin embargo, ahora saben que cuando falta autofagia, hay muchos más neurotransmisores y, por tanto, las células son menos maleables y también mueren por sobreexcitación. Esto podría conducir a un aumento de la tasa de muerte celular en las zonas afectadas del cerebro y, posiblemente, también a una pérdida de función.

Los científicos aún no saben mucho sobre sus consecuencias médicas exactas y no se puede decir mucho sobre su implicación en enfermedades como el Alzheimer o la demencia. Sin embargo, este nuevo descubrimiento ha despertado el interés de investigadores y médicos, que están seguros de que en el futuro tendrá una gran repercusión en el tratamiento de las enfermedades degenerativas del sistema nervioso.

ATROFIA MUSCULAR Y OSTEOPO-ROSIS

Como punto final sobre la aplicación médica de la autofagia, puedes leer aquí sobre la atrofia muscular y la osteoporosis, que se producen principalmente en la vejez, pero también pueden desencadenarse por una enfermedad a una edad temprana. Sin embargo, los investigadores han descubierto ahora que la autofagia desempeña un papel importante en la progresión y el tratamiento de ambas enfermedades, ya que el propio proceso de reciclaje del organismo descompone los productos viejos o inservibles y también puede descomponer células enteras. A partir de las sustancias resultantes pueden producirse nuevas células y componentes celulares, y una célula defectuosa o infectada no puede infectar a otras células.

Así se conserva más masa muscular y ósea sana, y la osteoporosis y la atrofia muscular pueden retrasarse o incluso detenerse por completo. Sin embargo, también es importante tener en cuenta que el ayuno y el déficit calórico, que provocan la activación de la autofagia, también pueden hacer que el organismo carezca de nutrientes importantes, como proteínas, proteínas y calcio, lo que agrava ambos problemas. Por tanto, cuando ayunes y tengas un déficit calórico, asegúrate de que sigues aportando a tu cuerpo suficientes nutrientes y no elimines por completo ningún alimento básico importante de tu dieta.

Hazlo tú mismo

CÓMO POTENCIAR TU AUTOFAGIA

Pero ahora, después de toda esta apasionante información, llegas a la parte en la que tú mismo puedes pasar a la acción. ¿Quieres apoyar a tus células, ralentizar tu proceso de envejecimiento y hacer algo por tu salud? Entonces ahora debes leer atentamente y memorizar los consejos. Y no te preocupes, no es un gran arte apoyar a tus células con la autofagia y sólo hay unos pocos puntos a favor de darle una oportunidad.

En primer lugar, una breve recapitulación de cuándo la autofagia es especialmente activa: Los procesos autofágicos tienen lugar en todas tus células en todo momento. En la vida cotidiana, su actividad es más bien escasa e insignificante. Las células sólo hacen lo necesario y están más dispuestas a absorber nuevos recursos del entorno.

Sin embargo, ciertos factores pueden estancar considerablemente la autofagia. Además de las situaciones de estrés y los daños celulares irreparables que conducen a la muerte celular, esto incluye también la falta de nutrientes. Sobre todo cuando faltan aminoácidos, la célula empieza a reciclar más productos de desecho propios y a reponer orgánulos innecesarios. Sin embargo, si hay suficientes aminoácidos y otros nutrientes en el entorno, la célula no tiene que recurrir necesariamente a sus propias reservas y también puede absorber nuevas sustancias del entorno. Y es precisamente en este punto donde tú mismo puedes activarte y ayudar a tus células en la autofagia de los productos de desecho. Pero lo primero es lo primero: no tienes que dejar de comer y matarte de hambre durante días para conseguir un efecto. Sigue leyendo y descubre qué pequeños cambios puedes hacer hoy mismo.

Probablemente hayas oído hablar del infame programa de ayuno intermitente y quizá incluso lo hayas probado tú mismo. Sin embargo, si no es así, aquí tienes una breve explicación: el ayuno intermitente, como su nombre indica, consiste en ayunar durante un cierto periodo de tiempo y comer durante el resto del tiempo. La variante más conocida es probablemente el método 16/8, en el que ayunas durante 16 horas al día y comes durante ocho horas. Sin embargo, es importante señalar que, por supuesto, no debes comer durante las ocho horas, sino repartir las comidas a lo largo de este periodo. Esto significa que a menudo comes automáticamente menos y, además, el cuerpo tiene tiempo suficiente en las 16 horas siguientes para digerir suficientemente los alimentos que has ingerido y absorber tantos nutrientes como sea posible.

Además de esto -como extra, por así decirlo- puedes utilizar los propios productos de desecho de tu cuerpo, porque éste sigue necesitando nutrientes durante las 16 horas de ayuno, que puede producir a partir de sus propios productos no utilizados debido a la falta de alimentos y así limpiar las células y utilizar los residuos.

Si pasas mucho tiempo sin comer, tu nivel de insulina se mantiene en un nivel bajo constante y tu cuerpo recibe la señal de que no ha ingerido suficiente energía del exterior. Como resultado, tu cuerpo tiene que encontrar otras formas de obtener la energía que necesita y empieza a recurrir a sus propias reservas energéticas. Una vez agotadas las capacidades energéticas de las células adiposas, tu cuerpo busca otras fuentes de energía y empieza a descomponer las estructuras celulares dañadas y viejas, lo que te lleva de nuevo a la autofagia. A la inversa, también se puede decir que si comes con frecuencia y en exceso, este proceso se inhibe y ocurre exactamente lo contrario, porque tu cuerpo absorbe tanta energía que no sabe muy bien qué hacer con ella y, por tanto, empieza a acumular reservas de grasa para prepararse para tiempos peores.

En resumen, se puede decir que el ayuno y la reducción de calorías provocan un aumento del metabolismo celular y las células reciclan los residuos celulares mediante la autofagia. Sin embargo, es muy importante recordar que nunca debes ayunar demasiado ni acumular un déficit calórico enorme, porque el cuerpo depende de los nutrientes y la energía del exterior y no puede producir muchos productos por sí mismo. Y desde luego no quieres que la autofagia convierta tus células en pequeñas células carroñeras que se abalanzan con avidez sobre todo lo que se interpone en su camino. Aunque la autofagia estimulada ayuda a tu sistema inmunitario, éste también puede sufrir mucho si te faltan vitaminas y nutrientes importantes que sólo obtienes de los alimentos.

DEPORTE

Otra forma de apoyar tu propio proceso de reciclaje en las células es -como no podía ser de otra manera- el deporte. Si echas la vista atrás unos cuantos milenios y piensas en cómo vivía la gente en la Edad de Piedra, te darás cuenta de que no había gimnasios, clubes deportivos ni nada parecido y que el deporte no era necesariamente un pasatiempo, sino más bien la clave de la supervivencia. Si no podías correr deprisa o oponer suficiente resistencia a un atacante, a menudo salías perdiendo y perdías la carrera contra un tigre dientes de sable o la batalla por la comida, por ejemplo. El deporte y el esfuerzo físico eran, por tanto, una situación mucho más estresante para el organismo y éste enviaba señales a las células para que movilizaran energía adicional de las reservas de grasa. Como consecuencia, las células también se veían impulsadas a hacer un mayor uso de sus propios productos de desecho y obtener así energía y nutrientes.

Ahora, por supuesto, no tienes que ponerte en una situación similar y huir de un oso o un tigre para conseguir el mismo efecto. Como ha demostrado un estudio realizado en ratones, el ejercicio regular de resistencia es suficiente para mantener activa la autofagia. En este estudio, se alimentó a dos grupos de ratones con una dieta rica en calorías y grasas durante 13 semanas. Al primer grupo se le permitió permanecer perezoso durante este tiempo y apenas se movió, mientras que al segundo grupo se le envió regularmente a una cinta de correr y se le animó a hacer ejercicio. Tras el periodo, se examinó a los ratones y los investigadores descubrieron que los ratones del grupo uno habían ganado una cantidad significativa de peso y sus valores sanguíneos también se habían deteriorado. En el grupo dos, sin embargo, ni el peso ni los valores sanguíneos cambiaron negativamente y la autofagia seguía en un nivel elevado. Así que la próxima vez que te plantees si ir o no al gimnasio, piensa que no sólo libera hormonas de la felicidad y te hace sentir más en forma y mejor después, sino que también te permite adelantarte un poco al proceso de envejecimiento y liberar a tus células de todo el lastre.

SIRTFOOD

Llegados a este punto, probablemente te estés preguntando qué se supone que es esto y cómo puede ser algo que incorpores activamente a tu vida cotidiana. Pero detrás de este complejo término hay en realidad algo muy sencillo: los sirtfoods son ciertos alimentos que pueden influir en tu metabolismo y en tu proceso de envejecimiento gracias a determinados ingredientes. Pero antes de que pienses que tienes que cambiar toda tu dieta y que el sirtfood sólo consiste en verduras, aquí tienes una lista de algunos alimentos que cuentan como sirtfood: Además de algunas frutas y verduras como las fresas, los chiles, las cebollas, la col rizada y los arándanos, también incluye las nueces, el trigo sarraceno, el chocolate con al menos un 80% de contenido de cacao e incluso el café y el vino tinto. Así que no tienes que cambiar tanto tu dieta y puedes disfrutar aún más de tu próximo vaso de vino tinto o trozo de chocolate si recuerdas que en realidad estás haciendo algo bueno por tu cuerpo. Pero ¡ten cuidado!

Demasiado vino tinto o chocolate tiende a ser un estorbo y reduce la actividad de tus células.

Todos estos alimentos contienen activadores de la sirtuina que pueden impulsar tu metabolismo y, junto con un déficit calórico, contribuir de forma óptima a activar tus autofagos. Pero, de nuevo, recuerda que mucho no siempre ayuda. No te excedas y, sobre todo, no cambies demasiado de golpe. Probablemente será un gran cambio para tu cuerpo y debe tener la oportunidad de acostumbrarse a todos los pasos con el tiempo. Esto te ayudará a conseguir resultados óptimos y a mantenerte durante mucho tiempo. Si lo cambias todo de un día para otro, probablemente te quedarás sin energía al cabo de pocas semanas y dejarás de intentarlo. ¿Por qué no utilizas el plan semanal que encontrarás a continuación como guía y piensas cómo puedes trasladarlo a tu vida cotidiana?

ALIMENTACIÓN

Además de la sirtfood, hay otros alimentos que pueden favorecer tu metabolismo y que puedes incorporar fácilmente a tu rutina diaria, como los frutos secos, las setas, las manzanas, las peras y el café negro, que también estimulan la autofagia. Sin embargo, en lo que respecta al café, asegúrate de que esto sólo se aplica al café negro. La leche contiene proteínas y este nutriente inhibe la actividad de reciclaje de las células.

Aquí tienes algunos alimentos más en el punto de mira:

En el caso del **café**, no es necesariamente la cafeína la que estimula la autofagia en las células, sino que los investigadores sospechan que son ciertos antioxidantes los que generan este beneficio. No es necesario ayunar para obtener el efecto activador, pero también puedes incluir una taza de café en tu rutina diaria normal si no quieres empezar a ayunar inmediatamente. Y antes de que ya no puedas dormir por culpa de toda la cafeína, también puedes tomar café descafeinado, porque como acabas de leer, el efecto activador no se debe a la cafeína, sino a ciertos antioxidantes.

El aceite de oliva también tiene un efecto activador del metabolismo y un demostrado potencial anticancerígeno, que presumiblemente puede atribuirse a su antioxidante más importante, la oleuropeína. Una prueba sorprendente de este efecto puede encontrarse en un pueblo del sur de Italia, donde más de 300 personas vivieron más de 100 años y muchos ancianos apenas mostraron signos de enfermedades como demencia o derrames cerebrales. ¿Por qué no incorporas un poco más de cocina mediterránea a tu dieta y refuerzas tus células con un chorrito de aceite de oliva?

Ahora la cúrcuma también ha llegado a la cocina europea y, además de su color amarillo brillante, también contiene curcumina, una sustancia importante para activar tus células. Si combinas la cúrcuma con pimienta negra al cocinar, obtendrás un efecto aún mejor y podrás absorber incluso 20 veces más curcumina. Entonces, ¿qué tiene de malo un curry bien condimentado con un toque de pimienta negra y cúrcuma?

ESPERMIDINA

La última opción para activar tus autofagos es la molécula espermidina, que se descubrió por primera vez en el semen humano y años después se encontró también en todas las demás células del cuerpo. Esta molécula tiene la propiedad de ralentizar el proceso de envejecimiento al aumentar los niveles de proteínas en las células. Sin embargo, su concentración disminuye con la edad, por lo que en la vejez debe ponerse a disposición del organismo espermidina adicional mediante alimentos como legumbres, setas, germen de trigo o queso curado. Sin embargo, en general no se recomienda recurrir a suplementos dietéticos, sino tomar espermidina de forma natural.

Un estudio que investigó la concentración de espermidina en la sangre, en función de la edad, determinó que la concentración, que sigue siendo elevada a la edad de 31 a 56 años, disminuye significativamente a la edad de 60 a 80 años. En cambio, en el grupo de estudio de 90 a 106 años se determinó de nuevo una concentración elevada, que incluso superaba el valor de los sujetos de prueba de 31 a 51 años. Por tanto, el estudio sugiere que las pocas personas que alcanzan esta edad lo hacen en relación con una concentración elevada de espermidina y un alto nivel de actividad de autofagia.

El camino hacia la meta

En las últimas páginas, ya has aprendido mucho sobre cómo puedes activar el reciclaje en tus células y probablemente estés sentado al borde de la silla, lleno de energía y listo para ponerte manos a la obra. Pero primero, da un paso atrás y piensa en lo que has aprendido y en lo que puedes y quieres poner en práctica en tu vida cotidiana. No tiene sentido llenar inmediatamente tu lista de tareas pendientes hasta arriba y poner tu vida completamente patas arriba. En lugar de eso, ve paso a paso y trabaja de uno en uno.

1. PLANIFICACIÓN

Antes de empezar con la aplicación exacta, haz un plan y piensa en lo que ya haces inconscientemente en tu vida cotidiana que activa los autofagos. Seguro que encuentras uno o dos alimentos en tu cocina y seguro que el deporte aparece en tu vida cotidiana en un momento u otro. Entonces date cuenta una vez más de las mejoras que puede aportarte un cambio así y de lo fácil que es conseguirlas. Considera también si te gustaría abordar el "proyecto autofagia" junto con alguien, de modo que podáis apoyaros mutuamente y hacer deporte o cocinar juntos. Un cambio así siempre es un poco más fácil en pareja o en un grupo pequeño, y además podéis compartir experiencias entre vosotros.

Y, por último, también debes considerar si tienes algún problema de salud que debas tener en cuenta en un sentido u otro. No el cuerpo de todo el mundo es apto para el ayuno, por ejemplo, y por supuesto también debes tener en cuenta las posibles intolerancias.

Una vez aclarados todos estos puntos, puedes empezar con la primera parte.

2. EMPEZAR

Deberías aprovechar las primeras semanas para orientarte un poco y descubrir qué se adapta a ti y a tu vida cotidiana. No te quedarás sin tiempo y en unas pocas semanas aún podrás empezar a notar realmente el impacto en tu cuerpo. Pero es mejor que te tomes un poco más de tiempo al principio para elaborar un plan adecuado y comprobar qué es lo que te conviene. Esto hará que las cosas vayan mucho mejor en la fase activa y sabrás a qué puedes recurrir.

Al principio, puedes seguir haciendo las cosas que ya has incorporado inconscientemente a tu vida cotidiana y planificarlas más conscientemente en tu día. Cuando te sientas preparado, también puedes acercarte gradualmente al ayuno intermitente. Si ya tienes experiencia en este campo, por supuesto que puedes empezar enseguida, pero si eres nuevo en todo esto, debes acercarte a intervalos más largos paso a paso. Para empezar, te recomendamos un intervalo de 12/12, que luego puedes ampliar gradualmente. Como todavía tienes que hacer frente a tu vida cotidiana normal, no debes exponer tu cuerpo a demasiadas situaciones nuevas y agotadoras a la vez. Tienes tiempo suficiente y no es un problema si durante unas semanas no haces los progresos que deseas. Al final, todo siempre resulta distinto de lo esperado.

Por lo tanto, en las primeras semanas es una buena idea tomar algunas notas sobre lo que has cambiado y cómo ha afectado a tu día y a cómo te sientes. ¿El cambio te ha sentado bien o mal? ¿Sentiste un cambio? ¿Funciona incluso en los momentos en que estás más estresado? Lo más importante en esta fase es que no te confíes, sino que escuches a tu cuerpo, porque sin duda te dirá cómo se siente respecto a todo. Si te das cuenta de que algo no es bueno para ti, no aprietes los dientes y luches contra ello, sino cambia un poco tu plan y continúa por un nuevo camino. Si antes has tenido poco que ver con los puntos para activar la autofagia, también puede ser bueno que elijas un área específica para empezar y comiences con ayuno, déficit calórico, ejercicio o un cambio en la dieta. Por supuesto, todos los puntos van juntos, pero igual que demasiados cocineros estropean el caldo, no conseguirás un buen resultado a largo plazo si lo haces todo a la vez.

3. NO TE RINDAS

Como ocurre con todas las cosas, habrá momentos en los que querrás tirarlo todo por la borda y cancelar todo el proyecto. Es precisamente en estas fases cuando debes recordarte exactamente por qué estás haciendo todo esto. Como pequeña ayuda, también puedes escribir los puntos y colgarlos en algún lugar de tu casa donde puedas leerlos una y otra vez. Y no olvides que todo el mundo tiene un mal día y las cosas no salen según lo planeado. Si tienes un día así, sólo es importante que vuelvas a la rutina en los días siguientes. No pasa nada si te saltas el ejercicio, el ayuno no funciona como quieres o tienes un "día trampa", incluso es bueno que te recompenses con una buena comida o que no sigas el plan por completo, ya que esto hará que después vuelva a ser más divertido y te resulte más fácil cumplirlo.

La única regla es no tirar por la borda tu plan de activación de la autofagia y olvidar todo lo que has aprendido. Cuanto mejor te ciñas al plan, más fácil les resultará a las células mantener un nivel elevado y constante de actividad metabólica. Sin embargo, si sigues cambiando de un lado a otro y no tienes la estructura adecuada en todo, tus células también se sentirán un poco abrumadas y no conseguirás el resultado deseado. Así que recuerda que los cheat days no son un problema y que a veces puedes descuidar tu plan. Es normal perder el apetito de vez en cuando y necesitar un poco de variedad, pero vuelve siempre a tu objetivo real y ayuda a tus células a liberarse de toda la basura.

4. IMPACIENCIA

Con todo el cambio que has experimentado ahora, probablemente estés esperando o deseando sentir pronto un cambio significativo. Sin embargo, debes recordarte una vez más cuáles son tus objetivos. Quieres contrarrestar tu proceso de envejecimiento librando a tus células de productos inútiles y también quieres reforzar tu sistema inmunitario y prevenir enfermedades en la vejez.

Todos estos son puntos de los que sólo te das cuenta con el tiempo o no te das cuenta en absoluto. Al fin y al cabo, no sabes cómo habrían sido las cosas sin tu nuevo estilo de vida. Quizá habrías estado enfermo mucho más a menudo en los últimos meses, quizá te habrían diagnosticado demencia en la vejez o habrías muerto unos años antes. Por desgracia, no tienes forma de saberlo. Quizá habrías estado igual de bien con tu antiguo estilo de vida que ahora. Pero si eres una de las pocas personas que no enferma durante la estación fría, o si sigues estando mucho más en forma a los 60 que tus amigos y colegas de la misma edad, puedes estar seguro de que este cambio ha contribuido a ello. Y antes de que te decepcione no ver ningún efecto directo, sigue leyendo.

En general, el ejercicio regular te hará sentir mejor, estarás más relajado y serás más productivo. El deporte también desarrolla los músculos, quema grasa, libera hormonas de la felicidad y previene la depresión. Puedes afrontar mejor las fases estresantes en el trabajo o en la vida cotidiana y eres más capaz de enfrentarte a los problemas. También mejoras en el deporte cada vez que haces ejercicio y puedes conseguir más y más. ¿No es estupendo cuando sigues mejorando en el footing, por ejemplo, y puedes llegar a correr distancias que hace un año ni siquiera soñabas?

Si además incorporas a tu plan un déficit calórico, es decir, consumes más calorías de las que ingieres, te desharás de los kilos de más y tu cuerpo estará en general más sano. Pero, de nuevo, ¡asegúrate de comer la cantidad adecuada y no te excedas! Perder peso demasiado deprisa no es sano y no debes adelgazar demasiado. Si ya tienes un peso saludable con el que te sientes a gusto, no te salgas de él y tacha este punto de tu lista. El cuerpo también necesita mucha energía y nutrientes para construir músculo, de los que le estarías privando al no comer lo suficiente. Si tu cuerpo no obtiene estos nutrientes del exterior, empezará a descomponer por sí mismo los músculos infrautilizados, que es lo contrario de lo que quieres conseguir. Así que lo importante es recordar: ¡un déficit calórico está bien si no perjudica a tu salud ni a tu cuerpo y no renuncias a demasiadas cosas de golpe!

Otro punto que notarás rápidamente es que estás más equilibrado y llevas una vida más feliz en general. No te alteras con tanta facilidad y, como tu cuerpo se siente mejor, tú y tu mente también os sentís mejor. Es increíble los efectos positivos que puede tener cambiar tan pocas cosas, ¿verdad?

5. PRECAUCIÓN

En el texto anterior, ya te has encontrado repetidamente con pequeñas advertencias, que resumimos brevemente a continuación.

Cambio: Está muy bien que quieras cambiar algo en tu vida y hacer más por tu salud, pero recuerda que tu cuerpo necesita tiempo y sólo se acostumbrará a todo gradualmente. Es mejor ir paso a paso y no hacerlo todo a la vez. De este modo podrás hacer un seguimiento de cómo reacciona tu cuerpo a cada uno de los pasos y si los tolera bien o no.

Ayuno: Antes de empezar, debes considerar hasta qué punto es posible con tu vida cotidiana y tu trabajo. Si tienes un trabajo físicamente exigente y necesitas mucha energía desde una edad temprana, puede que el método 16/8 no sea adecuado para ti. Para empezar, también puedes elegir días sueltos en los que pruebes distintos métodos y luego ver cuál te funciona mejor.

Déficit calórico: Aquí es especialmente importante que no te excedas. Tu cuerpo necesita mucha energía a lo largo del día sólo para funcionar con normalidad, y si además haces más deporte, tus necesidades calóricas aumentarán aún más. Así que antes de empezar a reducir, debes tener claro cuánta energía necesitas al día. Si ya tienes un peso saludable, no lo reduzcas más, sino que intenta desarrollar más músculo. El cuerpo también necesita mucha energía y nutrientes importantes, como las proteínas, que puede absorber a través de los alimentos. Si no estás seguro, pregunta a tu médico de cabecera cuál es su opinión y qué te recomendaría.

Impaciencia: Por supuesto, quieres ver recompensado cuanto antes tu cambio y tu renuncia, pero no seas demasiado impaciente, sino presta atención a los pequeños cambios positivos. Desgraciadamente, muchos éxitos no serán visibles inmediatamente para ti y ocurrirán de forma más bien inconsciente, pero ten la seguridad de que tu decisión fue la correcta y estás haciendo algo bueno por tu cuerpo y tu salud, e incluso

previniendo enfermedades en la vejez. Dale tiempo a
tu cuerpo: al fin y al cabo, una semilla tarda varios años
en convertirse en un árbol fructífero.

6. ¿A QUÉ ESPERAS TODAVÍA?

Ahora que has aprendido tanto y sabes cómo puedes ayudar a tus células a mantener el proceso de reciclaje durante más tiempo, nada se interpondrá en tu camino hacia una mejor salud y posiblemente una vida más larga. Tienes toda la información que necesitas y sólo te falta ponerla en práctica. ¿Por qué no empiezas ahora mismo y buscas algunas recetas adecuadas, planificas tu próxima sesión de ejercicio o encuentras un club cerca de ti en el que podáis estar activos juntos en grupo de vez en cuando?

Pronto te darás cuenta de que este cambio no es tan grande y lo incorporarás automáticamente a tu día a día. Al cabo de unos meses, es posible que ni siquiera puedas imaginar cómo era antes, y te alegrarás de haber descubierto este libro y de no haber dejado de leer en la primera página cuando empezó a hablar de biología, escuela y células. Haz algo por tu salud y la de los demás y brilla con tus conocimientos en la próxima celebración familiar o reunión con amigos y anima a los que te rodean a unirse al club de la autofagia.

Autofagia contra pandemia

Finalmente, en el último capítulo, podrás saber más sobre los beneficios de una autofagia celular más activa contra el coronavirus, porque incluso en la situación actual, en la que el mundo se encuentra en medio de una pandemia, la importancia investigada de los coronavirus sobre la autofagia en las células abre una nueva opción terapéutica. En la búsqueda de posibles fármacos para combatir los graves síntomas de una infección, investigadores de Berlín y Bonn investigaron conjuntamente el efecto de las células del virus en las células del organismo y cómo reprograman el metabolismo de las células de tal forma que puede ayudarles a propagarse más por el cuerpo. Mediante esta investigación, descubrieron que el SARS-CoV-2 puede ralentizar o incluso alterar por completo el mecanismo de reciclaje de las células interfiriendo en la autofagia. Sin embargo, como ya sabes, la autofagia es importante para que las células descompongan los productos de desecho y los invasores celulares y produzcan nuevas sustancias.

En un estudio, los científicos hicieron entonces el descubrimiento decisivo de que el virus utiliza los organismos y las estructuras celulares e incluso manipula el metabolismo simulando a la célula que dispone de suficiente alimento. Esto significa que no es necesario que la célula inicie el proceso de autofagia y recicle así nuevas sustancias utilizables a partir de sus propios productos. De este modo, los coronavirus pueden evitar la degradación autofágica y sobrevivir más tiempo en el huésped.

Gracias a estos resultados de la investigación, médicos y científicos pueden haber encontrado un nuevo punto de partida para una terapia. Tras los descubrimientos que hicieron sobre la conexión entre los coronavirus y la autofagia, ahora han investigado una serie de sustancias activas que se ha demostrado que estimulan la autofagia, con la esperanza de que tengan un efecto positivo y contengan el virus.

Y de hecho encontraron cuatro sustancias que demostraron ser eficaces contra el coronavirus, todas las cuales ya están en el mercado y se utilizan en otros ámbitos de la medicina. Además de la espermina y la espermidina, que ya conoces, un medicamento contra el cáncer e incluso el medicamento contra la tenia niclosamida también mostraron un efecto muy eficaz. De hecho, el fármaco contra la tenia fue el que tuvo un mayor efecto y la producción de nuevos coronavirus en las células se redujo en más de un 99%. Este descubrimiento es un gran éxito para los médicos, puesto que la niclosamida ya está autorizada y ya se han investigado intensamente los efectos secundarios y las posibles consecuencias a largo plazo, y también se conoce la dosis tolerable, este fármaco pronto podrá recetarse también contra los coronavirus y ayudar a contener o incluso prevenir un curso grave de la enfermedad.

En el marco de un ensayo clínico, científicos de Berlín investigan ahora hasta qué punto la niclosamida consigue efectos positivos en los pacientes. Hasta ahora, la eficacia sólo se ha demostrado en el laboratorio y ahora el objetivo es encontrar suficientes voluntarios para, con un poco de suerte, demostrar un efecto positivo en los pacientes. Actualmente se está iniciando un ensayo de fase 2 denominado NICCAM para investigar si la niclosamida es eficaz o no contra los coronavirus cuando se administra junto con el fármaco Camostat y -al menos igual de importante- si los pacientes toleran bien el fármaco. Por desgracia, pasará algún tiempo antes de que se analicen los resultados del estudio y puedan utilizarse los fármacos en esta combinación contra los coronavirus. Pero, afortunadamente, otros fármacos también han demostrado su efecto.

En el laboratorio, se demostró que cuando se administraba espermidina, las células producían un 85% menos de partículas víricas y cuando se administraba espermina, la cifra era aún mayor, del 90%. Este resultado es maravilloso, porque la espermina y la espermidina son sustancias endógenas que las células pueden producir por sí mismas y que también se pueden suministrar a través de ciertos alimentos. Por tanto, esto promete un alto nivel de tolerabilidad y la autorización de estos fármacos también debería ser mucho más rápida. Sin embargo, aquí hay un problema, porque en el laboratorio los investigadores utilizaron ambas sustancias en una forma pura, que como tal no es adecuada para la ingestión como medicamento. Además, la espermidina en particular sólo demostró ser eficaz a una concentración muy elevada, que no puede conseguirse únicamente con una dieta especial. Así pues, aún quedan muchas preguntas por responder sobre estas sustancias activas y los científicos todavía tienen un largo camino por recorrer antes de que la espermina y la espermidina puedan utilizarse realmente como antídotos.

El último principio activo mencionado, un medicamento contra el cáncer, sólo se ha probado hasta ahora en el laboratorio por sus efectos tanto anticancerígenos como anticorona. Esto significa que la autorización en un futuro próximo puede descartarse desde el principio. Sin embargo, en un estudio realizado en el hospital Charité de Berlín, los médicos ya han podido demostrar que el medicamento contra el cáncer MK-2206 reduce la producción de virus en un 90% aproximadamente y, por tanto, también es eficaz contra este virus. Sin embargo, aún es necesario comprobar qué posibles efectos secundarios tiene el fármaco en los pacientes y qué efecto se puede conseguir con qué dosis. Así pues, hay una luz al final del túnel, pero todavía será un viaje largo y arduo llegar hasta allí.

Al grano

Ahora has aprendido muchas cosas nuevas y puede que necesites volver a leer algunas de ellas. Has aprendido cómo se estructuran las células y qué componentes son cruciales para su supervivencia. Ahora también sabes qué posibilidades médicas han surgido de la investigación sobre la autofagia y que el científico japonés Yoshinori Ösumi fue galardonado con toda justicia con el Premio Nobel por su investigación. Y lo mejor de todo es que incluso has aprendido a apoyar a tus propias células y a tu sistema inmunitario y a planificar el camino hacia una vida más feliz y saludable. Ahora puedes empezar a prevenir enfermedades en la vejez y también asegurarte una vida más larga y activa. Y todo se debe a que a las células les gusta ser organizadas e independientes, porque prefieren deshacerse enseguida de sus residuos y no desperdiciar nada. Este pequeño proceso de la autofagia, que probablemente te pareció muy abstracto al principio y en absoluto tan crucial para tu salud, es una verdadera obra maestra y, gracias a este descubrimiento, la medicina cambiará significativamente en los próximos años y décadas.

Y quizás la economía mundial también descubra un sistema de reciclaje similar para sí misma y empiece a tomar las medidas absolutamente necesarias para un clima mejor. Si no sólo las subunidades más pequeñas del ser humano -las células- fueran tan cuidadosas de no desperdiciar energía y materias primas y de corregir los errores lo antes posible para que no se produzcan más daños, sino también todo el organismo humano, probablemente no habría escasez de materias primas, ni montañas de basura cada vez más grandes, ni bolsas de plástico desechables, ni frutas y verduras envueltas en plástico retráctil y mucho más. Por tanto, la humanidad se enfrenta a un importante punto de inflexión, no sólo en el campo de la medicina y el tratamiento, sino también, esperemos que pronto, en el de la utilización de las materias primas y el consumo sostenible de los recursos.

Quizá también te gustaría limpiar tu cuerpo y tus células, así como tu entorno, y hacerlo más sostenible. No sólo bastan unos pequeños cambios en tus células para conseguir un efecto significativo, sino que también es posible lograr la sostenibilidad en la vida cotidiana. Como ocurre con tus células, también es importante que muchas unidades individuales trabajen juntas.

No sirve de nada que sólo una célula se vuelva más activa, también debe animar a más y más células de su entorno a volverse más activas y seguir su ejemplo. Tú también puedes empezar llevando tus propias bolsas a la compra, comprando fruta y verdura abiertamente, yendo más y mucho más en bicicleta, y animando a tus amigos y familiares a que se unan. Esto motivará cada vez a más gente y juntos conseguiréis un gran efecto, aunque cada individuo sólo haya hecho un pequeño cambio. ¿Por qué no organizas un pequeño juego con tu familia o círculo de amigos? ¿Quién de vosotros consigue dejar más veces el coche en casa? ¿Quién compra menos artículos envasados cuando hace la compra? ¿Quién utiliza envases -sólo si es posible, claro- más de una vez? Hay muchas ideas y es mucho más divertido juntos que solos. No saques nada de este libro sólo para ti y tu salud, ¡piensa también en tu entorno y en las generaciones que vendrán después de ti!